Regina Miethke

Keilrahmen-Bilder
Große Blütenmotive

Creativ Compact

Inhalt

- 3 Blumenpracht
- 4 Material & Technik
- 5 So gehts

....

- 8 Tulpen
- 10 Kornblume
- 12 Mohnblumen
- 14 Callas
- 16 Sonnenblume
- 18 Mohnblüte
- 20 Orchidee
- 22 Seerose
- 26 Rosenknospe
- 28 Amaryllis
- 30 Cosmea

Blumenpracht

Schöne Bilder zu malen, ist gar nicht schwer. Ein besonderes künstlerisches Talent oder lange Erfahrung sind nicht nötig. Denn mit den Schritt-für-Schritt-Anleitungen in diesem Buch können Sie leicht diese einzigartigen Blumenmotive gestalten. Sie benötigen einen Keilrahmen, Struktur-Pasten und Acrylfarben. Besonders die Struktur-Pasten erleichtern die Arbeit. Denn sie sind hervorragend dazu geeignet, die Grundformen der Blumen plastisch herauszuarbeiten.

Mohnblüten, Callas und Tulpen oder Sonnenblume, Rose und Kornblume, diese plakativen Blüten sind ein dekorativer Schmuck für jeden Raum. Und sicherlich finden auch Sie hier Ihre Lieblingsblume! Sie werden erstaunt sein, welche Aufmerksamkeit Ihr eigenes Kunstwerk auf sich ziehen wird.

Ich wünsche Ihnen Mut, gutes Gelingen und viel Freude mit Ihren selbst gemalten Blumenbildern!

Material & Technik

Keilrahmen, bei denen die Leinwand schon auf einen Holzrahmen gespannt ist, werden in verschiedenen Größen und Stärken im Hobbyfachhandel angeboten.

Es gibt verschiedene *Struktur-Pasten*, die sich in ihrer Konsistenz unterscheiden. Alle lassen sich einfärben oder untereinander mischen. Für die meisten Blüten habe ich die „Struktur-Paste Universal" verwendet. Ideal für große Flächen ist die „Struktur-Paste Ultra-Leicht", weil sie ein geringes Gewicht hat.

Acrylfarben, zum Beispiel „Solo Goya Art Acryl Basic" von C. Kreul, sind in vielen Farben erhältlich. Sie lassen sich mit Wasser verdünnen und untereinander mischen. Nach dem Trocknen sind sie nicht mehr wasserlöslich. Pinsel und andere Arbeitsgeräte deshalb sofort nach dem Gebrauch mit Wasser reinigen.

Hilfsmittel

- Künstlerpinsel mit weicher Synthetikfaser, flach, Größe 2, 6, 18, rund, Größe 2, 6, 10
- Borstenpinsel, flach, ca. 5 cm breit, für große Flächen
- Malmesser
- Verschieden große Spachtel
- Mischpalette oder weißer Pappteller
- Wasserglas
- Küchenpapier oder alter Baumwolllappen
- Bleistift

Diese Hilfsmittel werden häufig verwendet und sind bei den Materialangaben für die einzelnen Bilder nicht mehr extra aufgeführt!

Effektfolie

1. Den Folienkleber direkt aus der Flasche auftragen und trocknen lassen. Nach dem Trocknen ist der milchige Klebstoff transparent.

2. Die Effektfolie mit der glänzenden Oberfläche nach oben auflegen, mit den Fingerspitzen andrücken und mehrmals mit der flachen Hand über die Folie streichen. Dann die Folie ruckartig abziehen.

Blattmetall

1. Die Anlegemilch mit einem Pinsel sehr dünn und gleichmäßig auftragen. Den Pinsel sofort mit Wasser reinigen.

2. Nach etwa 15 Minuten ist die Anlegemilch trocken und glasklar. Das Blattmetall auflegen und mit einem trockenen weichen Pinsel andrücken.

Hinweis

Statt des Blattmetalls können Sie auch Effektfolie verwenden. Blattmetall hat jedoch einen dezenteren, edleren Glanz.

Übertragen der Motive

Auf dem Vorlagenbogen sind die Motive verkleinert abgebildet. Es gibt verschiedene Möglichkeiten, sie auf den Keilrahmen zu übertragen:

a Sie zeichnen die Blumen mithilfe der Vorlage frei Hand in der entsprechenden Größe mit Bleistift auf den Keilrahmen. Es macht nichts, wenn Ihre Blume etwas anders aussieht, als die beschriebene, denn, wie Sie wissen, auch in der Natur ist jede Blume einmalig.

b Sie vergrößern die Vorlage um 200 % auf dem Kopierer. Dann das Motiv mit Transparentpapier mit einem schwarzen Stift abpausen, dabei das Karoraster ignorieren. Das Transparentpapier umdrehen und die Linien mit einem weichen Bleistift nachziehen. Die Vorlage mit der richtigen Seite nach oben auf den Keilrahmen legen und die Linien mit einem harten Bleistift oder Kugelschreiber nachziehen.

c Sie übertragen das Motiv mithilfe des Karorasters. Dazu den Keilrahmen in 10 mal 10 cm große Quadrate einteilen. In jedes Feld von oben links beginnend die Linien so übertragen, wie sie auf der Vorlage zu sehen sind.

So gehts

Die Blüte, wie auf Seite 5 beschrieben, auf den Keilrahmen übertragen.

Mit einem Malmesser Struktur-Paste aufnehmen und die einzelnen Blütenblätter von außen nach innen den vorgezeichneten Linien entlang aufspachteln.
Dabei beim hinteren Blatt der Blüte beginnen und danach die vorderen und den Umschlag gestalten. Dabei immer den Schwung der Blätter betonen.
Bei übereinander liegenden Blütenblättern die unteren zunächst trocknen lassen und dann weiterarbeiten. Denn wenn die hinteren Blätter getrocknet sind, fällt es leichter, die überlappenden Blütenblätter aufzutragen.
Die Blütenmitte zum Schluss kreisförmig auftragen.
Alles gut trocknen lassen, das kann bis zu zwei Tagen dauern, je nachdem, wie stark Sie die Struktur-Paste aufgetragen haben.

Den Hintergrund bemalen: Die Farben auf die Palette geben, mischen und mit einem großen Flachpinsel in senkrechten Pinselstrichen auftragen.
Dabei ruhig über die Blüten malen, denn der spätere Farbauftrag deckt alles wieder ab.
Auch die Seiten des Rahmens sorgfältig bemalen, so kann der Keilrahmen später auch ohne Rahmen aufgehängt werden.

Immer mit dem hellsten Farbton beginnen und die dunkleren Farben dazumischen. Mit Wasser können die Farben verdünnt und dadurch auch lasierend aufgetragen werden. Trocknen lassen.

Nun die Blume bemalen. Dabei immer dem Schwung der Spachtelmasse folgen und von der Spitze zur Mitte hin Blatt für Blatt gestalten.

Holzdekor-Motive

Holzdekor-Motive zuerst mit weißer Acrylfarbe grundieren, nach dem Trocknen bemalen und mit Holzleim auf dem Keilrahmen fixieren.

Tipps

- Zum Aufhellen der Farben Weiß, zum Abdunkeln Schwarz beimischen.
- Es ist immer leichter, eine Farbe abzudunkeln als sie aufzuhellen. Deshalb sollten Sie beim Mischen immer von hell nach dunkel arbeiten und vorsichtig nach und nach die dunklere Farbe dazugeben.
- Auch beim Mischen von Pastelltönen stets mit Weiß beginnen und vorsichtig schrittweise Farbe beigeben, so entsteht Rosa aus Weiß mit wenig Rot und Hellblau aus Weiß und Blau.
- Eine interessante Farbgestaltung erzielen Sie, wenn Sie die Farben während des Malens auf dem Keilrahmen mischen.

Farbenlehre

Grund- und Komplementärfarben

Die Grundfarben Rot, Blau und Gelb können nicht aus anderen Farben gemischt werden.
Orange, Violett und Grün sind Mischungen aus zwei Grundfarben, sie werden als Komplementärfarben bezeichnet.

Braun- und Grautöne

Mischt man eine Grundfarbe mit ihrer Komplementärfarbe, entstehen schöne Braun- und Grautöne.

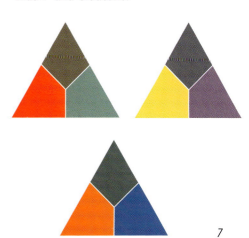

Tulpen

Material: Keilrahmen, 60 x 80 cm • Struktur-Pasten: Ultra-Leicht, Brillant-Gold • Acrylfarben in Kadmiumrot hell, Echtorange, Krapprot, Purpurrot, Grüne Erde, Siena gebrannt

Vorlage A

Die Tulpe vorzeichnen und mit Ultra-Leicht-Paste, beginnend mit den äußeren Blütenblätter, von außen nach innen aufspachteln, das große vordere Blatt als Letztes über den anderen Blütenblättern auftragen. Den Stiel von oben nach unten gestalten, drei Blätter mit Goldpaste, zwei mit Ultra-Leicht-Paste arbeiten.

Den Hintergrund mit Siena und Orange großzügig mit einem etwa 5 cm breiten Borstenpinsel in senkrechter Pinselführung bemalen. Die Farben eventuell mit Wasser verdünnen. Nach dem Trocknen Goldpaste unregelmäßig, mal dicker und dann wieder ganz dünn, auftragen. So entsteht ein lebendiger Hintergrund. Die Paste trocknen lassen.

Die Tulpe von außen nach innen mit Kadmiumrot und Krapprot bemalen. Nach dem Trocknen den mittleren Bereich mit Orange aufhellen und mit Purpurrot von unten dunkel schattieren. Die weiß gespachtelten Blätter und die Stiele grün anmalen. Zwei Blätter zwischen den Stielen direkt auf den Keilrahmen malen.

Kornblume

Material: Keilrahmen, 40 x 80 cm • Struktur-Pasten: Universal, Ultra-Leicht • Acrylfarben in Weiß, Schwarz, Purpurrot, Permanentgrün, Ultramarin hell, Kobaltblau, Paynesgrau • Blattmetall in Gold + Anlegemilch • Holzvasen, ca. 28 x 20 cm, 23 x 12 cm • 2 Holzblätter, ca. 13 x 8 cm • Holzleim

Vorlage B

Die Blüte vorzeichnen und mit Ultra-Leicht-Paste gestalten. Dabei mit dem Stiel beginnen. In die Stielverdickung mit dem Malmesser Zackenmuster einziehen, dann mit den hinteren Blütenblättern von außen nach innen weiter arbeiten. Zuletzt die Staubgefäße mit der Spitze des Spachtels von der Mitte im Bogen nach außen ziehen. Trocknen lassen.
Den Hintergrund weiß grundieren und links und rechts mit Ultramarin und wenig Grau schattieren. Dabei die linke obere Ecke etwas kräftiger betonen. Kurz trocknen lassen. Universalpaste mit Ultramarin und etwas Grau mischen und darüber spachteln. Die Mitte hell belassen.

Den Stiel grün anmalen, mit Schwarz, in die noch feuchte Farbe gemalt, schattieren. Die Zacken dunkel nachziehen. Die beiden Holzblätter im gleichen Farbenspiel gestalten und nach dem Trocknen mit Blattmetall verzieren. Einzelne Blütenblätter von hinten beginnend mit Kobaltblau und etwas Weiß von außen nach innen bemalen. Die Blüte innen dunkler schattieren. Die Staubgefäße mit einer Mischung aus Ultramarinblau und Purpurrot bemalen.
Die Holzvasen zuerst Weiß grundieren, dann die große Vase blau bemalen. Das Wellenmuster einziehen. Die kleine Vase heller arbeiten, dabei die Farbe mit Wasser verdünnen, die untere Seite mit Grau dunkel schattieren. Die Vasen nach dem Trocknen mit Anlegemilch verzieren und Blattmetall auftragen.
Holzvasen und -blätter mit Holzleim fixieren. Die Hohlräume zwischen den Vasen mit Ultra-Leicht-Paste ausfüllen.

Mohnblumen

Material: 2 Keilrahmen, 40 x 40 cm • Struktur-Pasten: Ultra-Leicht Grobsand • Acrylfarben in Weiß, Schwarz, Indischgelb, Echtgelb zitron, Kadmiumrot, Grüne Erde • Holzvasen, ca. 28 x 20 cm, 25 x 18 cm

Vorlage C

Die Vasen auf den Keilrahmen legen und mit einem Bleistift umranden. Die Blüten vorzeichnen.
Ultra-Leicht-Paste von außen nach innen, beginnend mit den unteren Blütenblät-tern, auftragen, zuletzt die Umschläge gestalten. Den Keilrahmen so legen, dass senkrecht zum Körper gearbeitet werden kann. Knospe mit Blatt aufspachteln.
Den Stiel auf dem zweiten Keirahmen weiterarbeiten. Die Blätter gestalten.

Nach dem Trocknen den Hintergrund Indischgelb und Weiß grundieren, dabei auch über die Blüten arbeiten. Die Farbe eventuell mit Wasser verdünnen. Trocknen lassen. Die Blütenblätter zart mit Echtgelb zitron und etwas Kadmiumrot schattieren. Dabei immer dem Schwung der Spachtelmasse folgen. Die Umschläge Kadmiumrot betonen.
Die Knospe etwas kräftiger bemalen. Stiele und Blätter mit Grün und Schwarz gestalten. Einige Lichtreflexe mit Kadmiumrot einziehen. Die Staubgefäße mit einem feinen Rundpinsel in Schwarz und Grün strahlenförmig von der Mitte nach außen malen. Für die Pünktchen Grobsand-Paste mit Indischgelb mischen und auftupfen.
Die große Holzvase indischgelb anmalen und mit etwas Rot schattieren. Die Vase mit Henkel Rot gestalten, in die noch feuchte Farbe Indischgelb mischen. Die Vasen mit Holzleim aufkleben.

Callas

Material: Keilrahmen, 40 x 80 cm • Struktur-Paste: Universal • Acrylfarben in Weiß, Schwarz, Echtgelb hell, Kadmiumrot hell, Permanentgrün hell • Effektfolie in Gold + Folienkleber

Vorlage D

Die Blume auf den Keilrahmen übertragen und beginnend mit der hinteren Blüte von oben nach unten mit einem schmalen Malmesser Universal-Paste aufspachteln. Dann die Umschläge und die Blütenstempel auf die fertige Blüte arbeiten. Die schmalen Blätter aufspachteln.

Zuletzt die Stiele von oben nach unten gestalten. Oben an der Blüte die Struktur-Paste etwas dicker aufbringen, unten flach auslaufen lassen. Trocknen lassen.

Den Hintergrund mit Weiß, etwas Grün und wenig Schwarz mit einem flachen Pinsel großzügig über Blüten und Blätter von unten nach oben zart anmalen. Die linke obere Ecke etwas mehr mit Grün betonen. Trocknen lassen.

Die Blüten weiß gestalten und mit wenig Gelb und Grün schattieren. Die Ränder mit etwas Schwarz betonen. Die Staubgefäße mit sattem Gelb und etwas Rot anmalen. Die Blätter und Stiele mit einer Mischung aus Weiß, Grün und etwas Schwarz arbeiten. Stiele unterhalb der Blüte etwas kräftiger bemalen.

Den Schriftzug „Callas" mit Folienkleber schreiben, eventuell mit Bleistift vorschreiben, trocknen lassen und die Goldfolie aufdrücken, wie auf Seite 4 beschrieben.

Sonnenblume

Material: Keilrahmen, 80 x 80 cm • Struktur-Pasten: Ultra-Leicht, Grobsand • Acrylfarben in Weiß, Schwarz, Echtgelb hell, Kadmiumrot hell, Ultramarinblau hell, Lichter Ocker, Siena gebrannt, Umbra gebrannt

Vorlage E

Für den Hintergrund Weiß, Ocker, Gelb und Blau mischen. Die Farbe mit einem großen Flachpinsel aufnehmen und in senkrechter Pinselbewegung auftragen. Immer mit dem hellsten Farbton beginnen. Blau und Gelb während des Malens auf der Leinwand mischen, so entstehen interessante grüne Farbspiele. Dabei kann auch etwas über die Blüte gemalt werden, denn der spätere gelbe Farbauftrag deckt alles wieder ab. Trocknen lassen.

Die Blüte vorzeichnen und die einzelnen Blütenblätter mit Ultra-Leicht-Paste von außen nach innen aufspachteln. Von der Blattspitze zur Mitte hin mit Schwung arbeiten. Die vorderen hochstehenden Blütenblätter zunächst aussparen.

Mit Grobsand-Paste die Blütenmitte gestalten. Das Malmesser flach aufdrücken und senkrecht nach oben ziehen. Mit einem Zahnstocher Mitte und Blütenblätter strahlenförmig verbinden. Zum Schluss die vorderen Blätter gestalten. Die Struktur-Paste ein bis zwei Tage trocknen lassen.

Für die Blüte Gelb und Siena auf die Mischpalette geben. Mit dem Flachpinsel Gelb aufnehmen und von der Spitze zur Mitte Blatt für Blatt anmalen. Dann etwas Siena gebrannt auf den Pinsel geben und von innen nach außen Schatten anlegen. Die vorderen hochstehenden Blätter erst anmalen, wenn die Mitte gestaltet ist.

Umbra, Siena, Schwarz und etwas Rot mischen. Mit einem Rundpinsel die Farbe satt aufnehmen und die Mitte damit arbeiten. Mit Rot Lichtreflexe setzen. Die vorderen hochstehenden Blätter anmalen. Den Stiel in einer Farbmischung aus Blau, Gelb und Schwarz an der Blüte beginnend nach unten gestalten.

Mohnblüte

Material: Keilrahmen, 80 x 80 cm • Struktur-Pasten: Ultra-Leicht, Grobsand • Acrylfarben in Weiß, Schwarz, Echtgelb hell, Kadmiumrot hell, Kadmiumrot dunkel, Ultramarinblau hell, Lichter Ocker

Vorlage F

Die Blüte vorzeichnen und die einzelnen Blütenblätter von außen bis zur Blütenmitte mit Ultra-Leicht-Paste aufspachteln. Den vorderen Umschlag zuletzt arbeiten. Die Samenkapsel in der Mitte mit Grobsand-Paste dick aufspachteln, mit der Spitze des Spachtels die Linien einziehen. Etwa zwei Tage trocknen lassen.

Mit dem Flachpinsel Weiß und Ocker aufnehmen und den Hintergrund mit senkrechten Pinselstrichen bemalen. Für die Blüte Kadmiumrot hell und Gelb mischen, von außen nach innen die einzelnen Blütenblätter anmalen. Die Farben können auch während des Malens auf der Leinwand gemischt werden. Damit der seidige Charakter der Mohnblüte zur Wirkung kommt, die Farben mit etwas Wasser verdünnen. In die noch feuchte Farbe mit Kadmiumrot dunkel die Ränder der Blütenblätter dunkel betonen. Grün aus Blau und Gelb mischen und die Samenkapsel in der Mitte anmalen, den unteren Bereich hell und oben etwas dunkler. Mit der gleichen Mischung den Stiel und die Blätter gestalten und mit Schwarz die noch feuchte Farbe schattieren. Die Staubgefäße mit dem Flachpinsel und wässrigem Schwarz von der Mitte strahlenförmig nach außen ziehen. Trocknen lassen.

Grobsand-Paste mit Schwarz einfärben, mit einem kleinen Borstenpinsel vorsichtig die Blütenstempel auftupfen und antrocknen lassen. Universal-Paste ebenfalls schwarz einfärben, mit dem Ende des Pinselstiels aufnehmen und vorsichtig Punkte auftupfen.

Orchidee

Material: 2 Keilrahmen, 40 x 40 cm, 4 cm dick • Struktur-Pasten: Universal, Granit-Silber, Brillant-Gold • Acrylfarben in Weiß, Indischgelb, Krapprot, Purpurrot, Grüne Erde, Paynesgrau • Holzschale, ca. 30 x 14 cm • Holzleim

Vorlage G

Die Keilrahmen eng zusammenlegen. Blüten, Blätter, Stiele und auch die Holzschale vorzeichnen. Universal-Paste mit den hinteren Blütenblätter beginnend von außen nach innen mit einem schmalen Malmesser aufspachteln. Dabei den Schwung der Blüten betonen. Dann die grünen Blätter und die Stiele auftragen. Trocknen lassen.

Den Hintergrund in Purpur- und Krapprot mit einem Flachpinsel und satter Farbe in senkrechter Pinselbewegung bemalen. Die Keilrahmen so legen, dass mit einem Strich beide Leinwände angemalt werden können. Die Farben können auch während des Malens auf der Leinwand gemischt werden. Die Blüten aussparen. Wenn Sie die Blütenblätter versehentlich übermalt haben, die Farbe sofort mit einem nassen Pinsel wegnehmen. Sie schimmert sonst durch die weißen Blüten durch.

Zuerst die Stiele in Grün und Grau anmalen. Dann die Blätter von hinten nach vorne gestalten, mit Grau schattieren. Zuletzt die Orchideenblüten mit sattem Weiß anmalen und mit etwas Grau den mittleren Bereich zart schattieren. Bei den Knospen etwas Grün dazugeben. In der Blütenmitte Gelb strahlenförmig auftragen und mit Grau die Schatten setzen.

Die Silber- und Gold-Paste und etwas Krapprot direkt auf die Holzschale geben und mit dem Malmesser während des Spachtelns mischen. Den Schwung der Schale dabei betonen. Trocknen lassen und nochmals Gold-Paste mit dem Finger darüber streichen. So kann das Gold besser dosiert werden. Trocknen lassen. Die Schale mit Holzleim aufkleben. Mit Grün und Grau den waagrechten Schatten unterhalb der Schale gestalten.

Seerose   Anleitung siehe Seite 24

Seerose

Material: Keilrahmen, 40 x 80 cm • Struktur-Paste: Universal • Acrylfarben in Weiß, Echtgelb hell, Kadmiumrot hell, Ultramarinblau hell, Coelinblau, Umbra gebrannt

Vorlage H

Das Motiv auf den Keilrahmen übertragen. Die hinteren Blütenblätter mit Universal-Paste von der Spitze zur Mitte hin mit einem schmalen Malmesser aufspachteln. Trocknen lassen, dann Strukturpaste für die vorderen Blütenblätter etwas dicker auftragen. Die grünen Blätter dünn spachteln. Dabei die Blattrippen betonen. Jetzt noch etwas „Wasser" waagrecht auf den Keilrahmen spachteln. Trocknen lassen.

Für den Hintergrund Weiß, Ultramarinblau und Umbra auf die Mischpalette geben. Mit viel Weiß einen zarten Grauton mischen. Oben hell beginnend und nach unten in waagrechten Pinselstrichen zur Wasserlinie hin auftragen. Für das Wasser dieselben Farbtöne auftragen, jedoch mit weniger Weiß, damit die Farben kräftiger werden. Etwas Coelinblau einziehen. Die Blüte aussparen. Wenn Sie die Blütenblätter versehentlich übermalt haben, die Farbe sofort mit einem nassen Pinsel wegnehmen. Sie schimmert sonst durch die weißen Blüten durch. Trocknen lassen.

Die Blütenblätter, beginnend mit den hinteren, zuerst Weiß anmalen, dann von der Mitte nach oben zart blaugrau wie den Hintergrund schattieren. Die vorderen Blüten müssen im oberen Bereich weiß bleiben, diese nach unten auch dunkel schattieren. Die Blütenmitte mit etwas Gelb und wenig Rot betonen.

Für die Blätter aus Ultramarinblau und Gelb einen Grünton mischen, mit Weiß aufhellen. Beim Farbauftrag den Flachpinsel so führen, dass die Blattrippen betont werden. Die Farben können auch während des Malens auf der Leinwand gemischt werden. Das untere Blatt mit Umbra dunkel schattieren.

Mit Weiß zwei kleine Seerosenknospen direkt aufs Wasser malen.

Tipp

Echtgelb hell und Ultramarinblau ergeben schöne Grüntöne, mit einer Mischung aus Gelb und Schwarz können verschiedene Olivtöne gemischt werden.

Rosenknospe

Material: Keilrahmen, 50 x 70 cm, 4 cm dick • Struktur-Paste: Universal • Acrylfarben in Weiß, Echtorange, Kadmiumrot dunkel, Grüne Erde, Siena gebrannt

Vorlage J

Die Blüte auf dem Keilrahmen vorzeichnen. Die Blütenblätter mit Universal-Paste von oben nach unten mit einem schmalen Malmesser aufspachteln, zuletzt den rechten Umschlag, dann den linken. Dabei den Schwung der Blütenblätter betonen. Dann den Stiel und die grünen Blätter gestalten. Trocknen lassen.

Für den Hintergrund Siena und Orange sowie etwas Weiß mit viel Wasser verdünnt mischen und die Farbe großzügig mit einem breiten Borstenpinsel mit senkrechtem Pinselstrich auftragen. An der hellsten Stelle beginnen und die linke obere Hälfte mit Siena und Orange dunkel betonen. Dabei kann auch zart über die gespachtelte Blüte gemalt werden. Trocknen lassen.

Die Rosenblätter einzeln von oben nach unten mit Orange und Weiß mit einem flachen Pinsel zart schattieren. Den unteren bauchigen Bereich der Knospe mit Rot strahlenförmig betonen. Zuletzt den rechten, dann den linken Umschlag mit dem Schwung des Blütenblattes zur Umbruchlinie hin dunkel schattieren.

Stiel und Blätter grün anmalen, dabei die Kanten etwas dunkler betonen und den mittleren Bereich aufhellen.

Amaryllis

Material: Keilrahmen, 40 x 80 cm, 4 cm dick • Struktur-Paste: Universal • Acrylfarben in Weiß, Schwarz, Indisch Gelb, Kadmiumrot hell, Krapprot, Grüne Erde, Umbra gebrannt, Gold • Blattmetall in Gold + Anlegemilch • Krug, 40 x 26 cm • Holzleim

Vorlage K

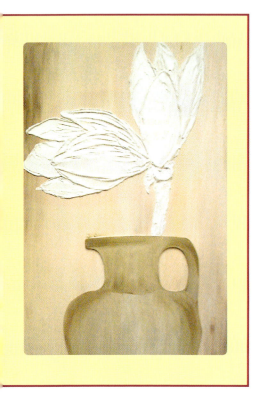

Den Hintergrund mit einem Flachpinsel mit viel Weiß grundieren. Mit senkrechten Pinselbewegungen in Grün, Umbra, etwas Kadmiumrot und Gelb schattieren. Trocknen lassen.

Den Krug weiß grundieren, dann mit demselben Farbenspiel wie im Hintergrund bemalen, die Ränder und den Fuß etwas dunkler schattieren. Trocknen lassen.

Die hinteren Blütenblätter mit Kadmiumrot von oben nach unten bemalen, die vorderen Blütenblätter krapprot. Den Stiel in Grün und etwas Schwarz gestalten. Mit etwas Gelb oder Gold Glanzlichter setzen. In die Blütenmitte einige gelbe und goldene Tupfer geben.

Am unteren Bildrand einen 6 cm breiten Streifen mit einer Mischung aus Grün und Schwarz anmalen. Mit etwas Kadmiumrot einige Lichtreflexe setzen.

Die Blüte auf den Keilrahmen übertragen. Mit dem Malmesser zuerst den Stiel mit Universal-Paste aufspachteln, dann den hinteren Bereich der Blüten von oben nach unten gestalten, zuletzt das vordere Blütenblatt arbeiten.

Auf den Vasenrand oben und unten sowie am Henkel mit einem kleinen Borstenpinsel die Anlegemilch aufbringen und nach dem Trocknen Blattmetall in Gold auflegen. Die Vase mit Holzleim fixieren.

Cosmea

Material: Keilrahmen, 50 x 60 cm • Struktur-Paste Universal, Acrylfarben in Weiß, Schwarz, Indischgelb, Kadmiumrot hell, Kobaltblau, Indigo

Vorlage L

Den Hintergrund mit dem Flachpinsel in senkrechter Pinselbewegung bemalen. Rechts mit Weiß beginnen, etwas Kobaltblau dazugeben und auf der linken Seite hinter den Blüten mit Indigo schattieren. Die Blüte aussparen. Wenn Sie die Blütenblätter versehentlich übermalt haben, die Farbe sofort mit einem nassen Pinsel wegnehmen. Sie schimmert sonst durch die weißen Blüten durch. Die Farbe trocknen lassen.

Die Blüte vorzeichnen und mit Struktur-Paste von außen nach innen gestalten. Dabei den Schwung der einzelnen Blütenblätter betonen. Bevor das vordere Blütenblatt gearbeitet wird, zunächst für die Blütenmitte Strukturpaste recht dick wie eine kleine Halbkugel aufbringen, mit einem Borstenpinsel die Struktur betonen. Gut trocknen lassen.

Die Blüte von außen nach innen dem Schwung folgend weiß grundieren. Die Blätter mit einer Farbmischung aus Weiß und Indigo malen. Blüte mit einem Weiß-Indigo-Gemisch schattieren. Zur Blütenmitte hin etwas dunkler werden. Die Blütenmitte mit Gelb und etwas Rot arbeiten, rechts außen Schatten mit Rot und Schwarz auftupfen.

Den Stiel mit Weiß und Indigo gemischt von oben nach unten gestalten. Dabei am Blütenansatz dunkel beginnen und mit Weiß auslaufen lassen.

Impressum

© 2008 Christophorus Verlag
in der Verlag Kreuz GmbH
Postfach 80 06 69
70506 Stuttgart
Freiburg im Breisgau 2005
Alle Rechte vorbehalten –
Printed in Germany
ISBN 978-3-419-56746-3

3. Auflage 2008

Dieses Buch und alle darin gezeigten Modelle sind urheberrechtlich geschützt. Jede gewerbliche Nutzung der Arbeiten und Entwürfe, ein Nachdruck, auch auszugsweise, sowie die Verbreitung durch Fotokopien, Internet und elektronische Medien, durch Film, Funk und Fernsehen ist untersagt und wird zivil- und strafrechtlich verfolgt. Bei Anwendung im Unterricht und in Kursen ist auf dieses Buch hinzuweisen.

Styling und Fotos:
Fotostudio Fittkau, Lahr

Covergestaltung und Layoutentwurf:
Network!, München

Coverrealisierung:
smp, Freiburg

Satz:
Gisa Bonfig, Freiburg

Druck:
Freiburger Graphische Betriebe

E-Mail:
info@christophorus-verlag.de

www.christophorus-verlag.de

Weitere Titel zu diesem Thema

978-3-419-56736-4

978-3-419-56737-1

978-3-419-56734-0

978-3-419-56735-7

Kreativ-Service

Sie haben Fragen zu den Büchern und Materialien? Frau Erika Noll ist für Sie da und berät Sie rund um die Themen Basteln und kreatives Hobby. Rufen Sie an! Wir interessieren uns auch für Ihre eigenen Ideen und Anregungen. Schreiben Sie an Frau Noll oder direkt an den Verlag, wir hören gern von Ihnen! Per E-Mail: **mail@kreativ-service.info** oder Tel. **+49 (0) 50 52/ 91 18 58** | Mo. – Do.: 9.00 – 16.00 Uhr / Fr.: 9.00 – 13.00 Uhr